AF498262

LETTRE

SUR

LES ISRAÉLITES ET LE JUDAÏSME,

AU DIRECTEUR

DU PANORAMA DES NOUVEAUTÉS PARISIENNES;

AVEC QUELQUES NOTES.

PAR MICHEL BERR,

Membre de plusieurs académies nationales et étrangères , Collaborateur de la *Revue encyclopédique* et du *Bulletin universel des sciences*, l'un des deux Candidats du collége de notables israélites de Metz pour le consistoire central.

———

SE TROUVE

AU CABINET DE LECTURE

DE Mlle CLÉMENCE,

BOULEVART SAINT-DENIS, N° 7.

———

1825.

LETTRES

SUR

LES ISRAÉLITES ET LE JUDAÏSME,

AU DIRECTEUR

DU PANORAMA DES NOUVEAUTÉS PARISIENNES;

AVEC QUELQUES NOTES.

PAR MICHEL BERR,

Membre de plusieurs académies nationales et étrangères , Collaborateur de la *Revue encyclopédique* et du *Bulletin universel des sciences*, l'un des deux Candidats du collége de notables israélites de Metz pour le consistoire central.

EXTRAIT

DU

PANORAMA DES NOUVEAUTÉS PARISIENNES,

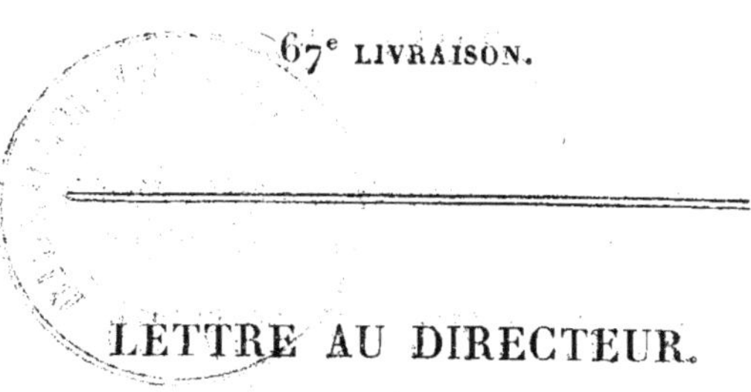

67ᵉ LIVRAISON.

LETTRE AU DIRECTEUR.

Monsieur,

Les intérêts de la morale et de la société ont été souvent défendus dans votre feuille; permettez que je me serve encore une fois de son organe pour des observations que je me vois obligé de faire au sujet d'un article inséré dans un autre journal littéraire et précédemment en partie dans un de nos principaux journaux politiques; il s'agit de réformes religieuses, en partie vraies et utiles, et en partie, je crois en être sûr, supposées et impraticables, et qu'on annonce avoir eu lieu dans un certain nombre de familles juives de Cologne. Certes, c'est avec un vrai plaisir que tous les israélites éclairés et vraiment religieux, et les philanthropes des autres cultes qui s'intéressent aux améliorations depuis long-temps nécessaires dans les formes extérieures du culte juif, auront appris la résolution de quelques familles israélites de Cologne, de faire, à l'instar de beaucoup d'autres villes de l'Allemagne, célébrer l'office divin dans leur langue nationale, probablement en concurrence avec leur langue religieuse; depuis long-temps cette réforme naturelle était désirée en France, où il est sous plusieurs rapports infiniment à regretter qu'elle n'ait pas encore eu lieu, et si l'autorité supérieure eût jugé à propos d'appeler au nouveau consistoire central israélite parmi les candidats présentés, ceux qui ont émis fortement ce vœu si utile, il est à

croire que dans ce moment on eût enfin commencé à s'occu-
per de son accomplissement. On n'aura pas de peine à croire
non plus que ces mêmes familles israélites de Cologne ont
cessé, par l'effet des lumières et de l'éducation, d'attacher
de l'importance à des observances et à des pratiques qui dans
des temps de ténèbres et de fanatisme ont été confondues avec
les bases mêmes du culte juif, comme dans un seul tout insé-
parable ; mais en même temps je ne balance pas à assurer de
la manière la plus positive, que le changement fondamental,
tenté par ces familles juives dans leur religion, par la translation
de la célébration du sabbat du samedi au dimanche, est con-
trouvé pour la centième fois, et que si en effet quelques familles avaient pu concevoir l'idée d'un changement aussi in-
solite, il n'en résulterait autre chose que la désunion la plus
funeste dans une classe d'hommes qui ont tant besoin d'union
et de concorde, et l'impossibilité de mettre de la suite et de
l'ensemble dans les réformes nécessaires et praticables. Dans
un ouvrage qui acquiert tous les jours de nouveaux titres à
la reconnaissance des amis de la civilisation et de l'humanité,
la *Revue Encyclopédique*, j'ai développé à ce sujet, il y a
quelques années, des opinions qui sont restées sans réplique.
Voilà pour la première partie de l'article. Je ne puis m'empêcher de mentionner aussi la seconde, en avouant que je suis loin
de partager toutes les opinions exprimées par l'ingénieux et
estimable auteur de l'élégant *Résumé de l'histoire des juifs
anciens*, et dans le passage cité par l'auteur de l'article à l'appui de la réforme religieuse des juifs de Cologne ; je ne pense
pas comme lui que les israélites de nos jours n'aient plus à
craindre du tout l'intolérance, mais seulement l'excès de la
tolérance pour leurs préjugés et superstitions. Dans beaucoup de contrées, l'intolérance est encore dans les lois et les
institutions ; dans d'autres pays elle a cessé, il est vrai, d'y
être, mais elle y existe encore, nous le savons, dans les vues
et les discours de quelques hommes et de puissantes associa-
tions (1). Quant à la tolérance, elle doit être non seulement

____

(1) Nous citerons, à l'appui de cette opinion, un exemple très-récent.
Un ouvrage nouveau, *Histoire des Hébreux rapprochée des temps con-
temporains*, ouvrage dédié à S. A. R. Mgr le duc de Bordeaux, et ap-
prouvé par le conseil royal de l'instruction publique, comme nous l'ap-
prend le *Moniteur*, par M. Rabellot (écuyer), conseiller de préfecture
à Orléans, contient le passage suivant, que cite ce même journal, en par-
lant des juifs : « S'acheminant ainsi vers les derniers temps, portant sur
» le front le cachet de leur réprobation et dans leurs mains les prophé-

(3)

générale; mais ce mot semble tant soit peu injurieux, même
pour les choses les moins utiles, si elles ne sont seulement
pas illicites.

D'un autre côté, en désirant bien vivement aussi que l'expression des sentimens religieux soit mise chez les israélites
en rapport avec les principes et l'éducation de leurs générations
libres et éclairées, je ne puis croire comme lui en déplorant
parmi eux les traces encore subsistantes de si longs siècles
d'abaissement, d'oppression; je ne puis croire, dis-je, que leur
superstition, leur culte encore trop asiatique, comme il le dit,
soient le seul obstacle vers le retour complet à la dignité sociale; ni que la chute de cette superstition, les réformes du
culte, soient le seul moyen ni même le principal pour parvenir à cet important résultat. Les nations en général sont moins
incapables d'élans généreux par les préjugés qu'elles ont, que
par les vertus qu'elles n'ont pas. Le Grec actuel est encore
superstitieux à l'excès, souvent même fanatique et intolérant;
mais il sait combattre et vaincre, souffrir et mourir pour la
patrie, la foi et l'humanité. Voilà ce qu'il faut apprendre au
juif avec l'amour du travail et de son pays, de tous ses sem-
blables et des grands intérêts de l'humanité, avec la modé-
ration dans les désirs, le mépris de la servitude et de la bas-
sesse, des faux biens et des faux honneurs, et c'est ce
qu'ils apprennent en effet partout où les traces de la haine et du
mépris disparaissent devant celles de la justice et de la philosophie; la chute des préjugés et des superstitions n'est que
dans un rapport très-indirect avec ces heureux changemens.
Elle est néanmoins bien ménagée et en y substituant des doctrines et des impulsions convenables, un des moyens les plus
efficaces pour y parvenir; ce qu'il faut surtout aux juifs actuels, ce ne sont pas des hommes comblés des dons de la fortune
et des faveurs de la puissance; ils en ont eu à leurs époques les
plus déplorables et les plus honteuses, de moins recom-

» lies sur lesquelles repose la foi des chrétiens. » Nous n'avons rien à dire
sur la dernière partie de la phrase; mais il n'était pas besoin de la précé-
dente qui manque à la fois de convenance et de vérité; l'intention en
sera appréciée, et nous sommes persuadés que malgré l'ouvrage de M.
Rabellot et ceux qui partagent ses principes intolérans, l'auguste prince
à qui cet ouvrage est dédié, lorsqu'il sera appelé un jour à faire le bonheur de la France en la gouvernant, saura très-bien que les lois divines et
humaines qu'il aura juré d'observer, lui prescriront également d'accorder à ses sujets de tous les cultes la même justice, le même amour et
la même protection. (*Note du Rédacteur.*)

mandables que de nos jours ne le sont plusieurs par leurs qualités et vertus personnelles, auxquelles je rends la même justice que l'auteur du *Résumé* dans un passage à la fin de son livre; ce ne sont pas non plus des hommes ayant des opinions philosophiques, il n'en manque pas. Ce qu'il leur faut surtout, ce sont des artisans, des guerriers, des ouvriers, des agriculteurs, des manufacturiers, des savans et des artistes comme ceux dont nous admirons les conceptions et les touchans accords; des écrivains et des poètes, comme le littérateur, si jeune encore et déjà si instruit et si éloquent, qui, j'en suis bien sûr, ne s'offensera, ni ne s'affectera pas de mes observations, auxquelles j'ai été déterminé par les motifs les plus graves, et sur lesquelles j'aurai peut-être occasion de revenir ailleurs en lui payant un nouveau tribut de la profonde estime que m'inspirent ses talens, ses principes et son caractère.

Agréez, etc.

MICHÉL BERR.

DE L'IMPRIMERIE DE PLASSAN, RUE DE VAUGIRARD, N° 15,
DERRIÈRE L'ODÉON.

A M. LE DIRECTEUR

DU

PANORAMA DES NOUVEAUTÉS PARISIENNES. (1)

MONSIEUR,

Dans votre avant-dernier numéro , vous avez eu la bonté
d'insérer encore une de mes lettres. Son étendue et l'abon-
dance de vos autres matériaux vous ont sans doute forcé
d'en retrancher la partie la plus considérable, et même la
plus essentielle. Je me vois obligé de la rétablir, par des
considérations particulières, et je compte sur votre justice
pour l'accueillir.

J'annonçais, dans la première partie de ma lettre, la publication définitive, prochaine et trop long-temps retardée des *Annales Israélites*, dans lesquelles, exclusivement à l'avenir , je
m'expliquerai sur les sujets qu'elles sont appelées à traiter.
C'est là aussi, ajouté-je (et c'est là que je suis obligé de repren-
dre la suite de ma lettre interrompue), c'est là aussi que justice complète sera faite de la septième lettre d'un misérable
recueil publié depuis quelque temps, sous un titre aussi in-
intelligible pour le lecteur français que le style dans le-
quel il est écrit : *Lettres Tsarphatiques*. (2) Dans ces lettres,
sous le voile de quelques idées justes, de quelques vérités
utiles généralement répandues, de quelques vœux honorables, pour l'accomplissement desquels, avec les moyens dé-
veloppés depuis long-temps par les esprits éclairés , il eût
peut-être suffi en France d'une seule nomination indiquée
aux agens de l'autorité par les suffrages de la partie la plus
estimable et la plus estimée de la population israélite (3) ;
dans ces lettres, dis-je, on se livre aux plus lâches calomnies anonymes contre les dogmes et la morale de la religion
juive, contre l'existence sociale de ceux qui la professent ,

contre ses ministres, dont la position est souvent dépendante par des circonstances indépendantes d'eux-mêmes, dont les scrupules sont trop souvent en arrière du siècle, ce qui arrive aussi quelquefois à des ministres d'autres cultes, mais dont, pour la plupart du moins, les intentions sont pures et irréprochables, et dont l'influence pourrait être employée utilement si elle l'était habilement. En jetant sur M. Drach (4) quelque blâme ou quelque ridicule avec une indulgence remarquable, on renchérit encore beaucoup sur lui en assertions mensongères sur la sincérité et la vérité religieuses des décisions sanhédrinales. En exagérant avec haine les torts déjà exagérés par la prévention de quelques populations juives ; en attribuant ridiculement et à dessein à des causes religieuses, des torts qui sont réciproques et qui n'ont que des causes locales (5), les auteurs de ces lettres gardent un silence complet et méprisable sur les torts si graves de l'intolérance, du fanatisme et de l'hypocrisie, et se livrent à d'ignobles adulations envers toutes les puissances du monde et du jour ; misérables productions de quelques hommes prêts à quitter, pour des motifs pusillanimes, en partie sans fondement, et, heureusement pour l'humanité, peu durables, l'association religieuse à laquelle ils tiennent encore par quelques liens, et qui, avant de se livrer à cette désertion intéressée, voudraient augmenter leurs imitateurs en jetant le venin de la calomnie sur tout ce qui devrait être l'objet de leurs égards et de leurs souvenirs ; plus odieux encore que l'intolérant transfuge, qui, du moins, s'est exposé par ses démarches et ses discours au blâme du public et à la réfutation de ses adversaires. Les *Annales israélites*, comme ouvrage religieux, littéraire et politique, sauront lutter à la fois contre toutes les inimitiés, contre toutes les erreurs et contre toutes les injustices, et contribuer de leur côté, avec des moyens avoués de la morale et de la raison, à l'accomplissement des vœux de l'humanité et des vues de la Providence. Dès les premières livraisons de l'ouvrage, on s'empressera d'y rectifier des erreurs importantes échappées dans les aperçus donnés, il y a peu de jours, par les journaux, sur la situation politique des juifs dans divers états de l'Europe, particulièrement en Hollande, où, bien loin de ne pas être admis aux emplois publics, comme on le disait, ils en remplissent, au contraire, de tous les degrés et de tous les genres, et, en comparant la politique suivie à leur égard par le gouvernement de ce pays, à celle de quelques autres, et particulièrement dans les états romains ; on y appréciera aussi la vraisemblance, la vérité et la convenance de l'inconcevable entreprise tentée dans un autre hémisphère, de reconstituer en un corps de peuple, sur des bords étrangers à leurs souvenirs, à leurs sentimens actuels et à leur avenir, des hommes que les traces de l'esclavage et les bienfaits de la liberté rendent également incapables de redevenir une nation ; et si les *Annales israélites* n'auraient eu que des éloges à donner au respectable Noé quand il représentait dignement les Etats-Unis près d'une autre puissance, elles n'auront pour lui que des regrets et des remontrances quand ses efforts tendraient à faire croire à quelques esprits superficiels, que lorsque les peuples cherchent à donner aux juifs une patrie dans leur propre sein, les vœux de ces derniers tendent à redevenir un peuple séparé (6). Comme la *Revue protestante*, les *Archives du christianisme*, la *France catholique*, le *Journal de la morale chrétienne*, et naguère la *Chronique religieuse*, comme tous les ouvrages destinés à défendre, dans les intérêts d'une doctrine spéciale et d'une classe particulière, les grands intérêts de la religion et de la société contre l'intolérance, l'indifférence, l'égoïsme et l'hypocrisie, les *Annales israélites* auront de grands obstacles à surmonter ; mais elles auront également d'honorables appuis et de puissans suffrages. Soutenu par mes co-religionnaires les plus éclairés de Berlin et d'Amsterdam, de Metz et de Bordeaux, qui m'ont tour à tour associé à leurs travaux ou honoré des témoignages de leur estime et de leur confiance ; aidé même du concours des Israélites instruits qu'en trop petit nombre renferme la capitale, des conseils et de l'appui d'écrivains distingués et de philantropes respectables de différens cultes, je me livre au ferme espoir de mener à une heureuse réussite une entreprise dont l'objet se rattache à la fois aux premières et aux dernières périodes de la civilisation du genre humain.

Agréez, etc.

MICHEL BERR.

NOTES.

(1) Cette dernière lettre n'a pas été insérée dans le *Panorama des Nouveautés Parisiennes*. Les notes ont été ajoutées après.

(2) Je crois pouvoir assurer que le seul Israélite instruit, spirituel et estimable parmi ceux qui passent pour avoir coopéré à ces lettres a cessé de le faire. On ne peut que l'en féliciter; il a eu tort sans doute de coopérer à un tel ouvrage s'il l'a fait réellement; mais quelques hommes dont il a blessé l'orgueil, au lieu de réfuter les erreurs et les faussetés que seul j'ai combattues, ont préféré le dénoncer lâchement; les dénonciations et les pamphlets anonymes sont en effet les seules armes dignes d'eux.

(3) J'aurais pu être secondé par quelques Israélites, candidats comme moi pour le nouveau consistoire central, ou que l'intrigue seule a pu empêcher de l'être, et qui joignent des lumières naturelles et de l'éducation à des intentions honorables, comme les banquiers Rodrigues de Bordeaux, Worms de Romilly, B. Fould, qui ont été nommés, et un Israélite qui, dans un ouvrage estimé, a dévoilé les vexations et l'inertie de l'ancien consistoire central, continuées au nom du nouveau, M. Singer, négociant, qui a eu des suffrages dans le collége du Haut-Rhin, où il les aurait eu sans doute presque tous si l'on n'avait commandé aux chefs, encore si peu considérés de la population juive de cette contrée, de présenter un candidat étranger à leur département, qui n'avait pu l'être nul autre part, qu'on a voulu faire nommer, et qui a été nommé en effet; alors fournisseur en Espagne, où il est retourné en cette qualité peu après son installation. Un tel choix de laïcs, y compris le mien, même avec la nécessité de quelques autres encore, eût permis d'espérer une direction utile des connaissances théologiques de nos grands-rabbins. La masse de mes co-religionnaires français, estimable et éclairée, y eût applaudi. En faisant, parmi les candidats présentés, les choix qui leur convenaient le plus, ou qui leur déplaisaient le moins, en préférant, pour le collége de Colmar, à un manufacturier né dans le pays, le fournisseur dont je viens de parler; pour le collége de Marseille, un négociant juif d'Alep en Syrie, à M. Halphen, joaillier et propriétaire français, afin de me préférer ce dernier pour Metz, les agens de l'autorité supérieure ont usé d'un droit naturel et incontestable, et l'avenir montrera si le bien général a été sagement consulté ici; mais les persécutions que j'éprouve de la part de quelques hommes sans morale et sans lumières, me sont communes avec tous ceux qui m'ont devancé dans la carrière où je n'aspire qu'à suivre leurs honorables traces. Aucun n'a été épargné; et quoique la mauvaise foi ait essayé d'opposer aux haines violentes et multipliées dont je suis l'objet, les suffrages plus unanimes qu'a eu le bonheur de réunir mon respectable et ingénieux beau-père, J. B. Bing, de Metz, il ne me serait pas difficile de prouver, par d'irrécusables témoignages, que lui aussi fut en butte, malgré son caractère et sa carrière également paisibles, aux inimitiés jalouses et aux calomnies, et que d'ignobles pamphlétaires ne les ont pas

même toujours épargnées à sa mémoire; elles eussent éclaté avec plus de violence, de son vivant, si au lieu de se vouer, après quelques essais brillans et utiles dans sa première jeunesse, aux affaires, par attachement pour sa nombreuse et si intéressante famille, il eût, comme moi, été obligé de se consacrer entièrement aux lettres et aux emplois qui en réclament la culture continuelle; et si, au lieu de nous être enlevé, comme malheureusement cela eut lieu au milieu de son honorable carrière, il eût, comme moi, trouvé un devoir et une nécessité à défendre, souvent dans de nouvelles et graves circonstances, la dignité extérieure et l'amélioration intérieure de ses co-religionnaires, contre les efforts et les influences de l'intolérance et du fanatisme, de l'égoïsme et de l'immoralité dont triompheront de constans efforts. On me demandera sans doute comment je puis être assez imprudent pour attaquer à la fois, et dans le même moment, ceux qui soutiennent des mesures intolérantes et ceux qui rêvent des projets anti-sociaux; ceux qui ont quitté leur croyance par des vues intéressées ; ceux qui la calomnient d'avance dans le dessein de la quitter; et enfin quelques hommes qui n'y restent que pour vexer, opprimer, dénoncer ceux qu'y retiennent leurs liens, leurs devoirs et leur conscience. Je répondrai que l'homme de bien, l'homme bien intentionné, sait braver à la fois plus d'une crainte, plus d'une erreur, plus d'une passion; je dirai aussi ce que l'immortelle Mme de Staël, dans ses *Considérations sur la Révolution française*, disait qu'il fallait répondre, après le 18 brumaire, aux hommes qui présentaient toujours la crainte du retour des jacobins, à ceux qui s'affligeaient de voir accumuler sur la tête du consul triomphant, tous les pouvoirs de l'autorité absolue : Les jacobins! nous les combattrons, et vous aussi.

(4) La réponse annoncée de M. Drach, à ma lettre au *Constitutionnel* du 29 août dernier, n'a pas encore paru dans le *Mémorial catholique* du mois d'octobre. On y répondra, s'il y a lieu, dans les *Annales israélites*, en relevant en même temps l'inexactitude de quelques détails donnés récemment à son sujet.

(5) On s'en assurera déjà en partie en lisant l'estimable mémoire de M. Vittercheim, Israélite de Metz, et qui a été mentionné honorablement dans le concours de l'académie de Strasbourg, sur les juifs d'Alsace, et très-probablement encore mieux lorsque l'auteur des ouvrages couronnés ou mentionnés par l'institut, sur les institutions de saint Louis et les juifs d'Occident, M. Arthur Beugnot, aura publié son ouvrage couronné par l'illustre et philantropique académie de Strasbourg, sur une question intéressante à la fois sous les rapports de l'histoire, de l'administration, de l'économie politique, de la morale, de la religion et de l'humanité. Ces deux ouvrages seront analysés dans les *Annales israélites*. On y donnera en entier celui inédit de M. Blanchard, ancien intendant militaire, et qui a obtenu aussi une mention honorable.

(6) A l'instant où je publie cet écrit, le *Journal des Débats* insère, au sujet de M. Noah, une lettre de M. le grand-rabbin Cologna;

(6)

j'ai cru devoir y répondre dans une lettre au *Constitutionnel*. Les graves circonstances dans lesquelles ce journal se trouve enveloppé, et qui absorbent son attention et ses colonnes, l'ont sans doute empêché de l'insérer. La voici :

MONSIEUR,

Le *Journal des Débats* vient d'insérer une lettre de M. le chevalier et grand-rabbin Cologna, président du consistoire central des Israélites de France. La tentative insensée et anti-sociale du sieur Noah, ancien consul commercial des Etats-Unis, y est appréciée comme elle mérite de l'être, et au moment où elle paraît, je l'envisageais à peu près sous le même point de vue dans une lettre adressée à un de nos journaux littéraires, et qui sera publiée sous très peu de jours ; mais en approuvant le principal but de la lettre de M. le grand-rabbin, de désavouer toute participation à la tentative extravagante du sieur Noah, je ne puis approuver aussi des insinuations qui découlent naturellement des formes sous lesquelles ses assertions sont présentées, et je regarderais comme nuisible de ne pas y répondre. Non-seulement il serait impossible de citer un passage des prophéties désignant un endroit de l'Amérique Septentrionale, comme point de réunion pour y rassembler les restes dispersés d'Israël, comme le dit M. le grand-rabbin, mais il serait également impossible de citer un passage de ces mêmes prophéties indiquant tout autre point du globe pour opérer cette réunion, et d'après nos dogmes, ce n'est pas de la *restauration d'Israël*, comme le prétend également M. le grand-rabbin, que Dieu seul s'est réservé de faire connaître l'époque d'après des symptômes visibles à tout l'univers, mais bien du triomphe universel et durable de la justice et de la vérité religieuse, et sans que la croyance dans cette époque doive faire supposer celle d'une restauration nationale et politique. Non-seulement enfin il est défendu aux juifs, comme veut bien en convenir M. le grand-rabbin, de hâter le moment de leur réunion, mais la fusion des croyans dans la foi juive parmi les peuples, et considérés comme citoyens, doit être religieusement regardée comme définitive. La croyance dans l'existence future d'une métropole du culte universel dans le lieu de l'antique révélation divine, voilà la seule modification par laquelle il est possible d'ajouter à cette interprétation vraie et orthodoxe des dogmes israélites relativement à une future époque messianique. Il serait facile de la justifier par un grand nombre de textes de nos docteurs traditionnaires les plus irrécusables : plusieurs écrivains israélites l'ont fait, et ce sera le sujet de plusieurs dissertations dans les *Annales israélites*. Les décisions du Sanhédrin de 1807 ont été rendues dans le même esprit. Je rends justice à ce que la réponse de M. le grand-rabbin renferme d'utile et aux intentions dans lesquelles il paraît l'avoir écrite ; mais ce n'est pas la première fois, il le sait, que ses réticences et ses concessions semblaient donner, malgré lui sans doute, une nouvelle force à des erreurs dangereuses que son devoir l'appelait à combattre et à réfuter.

Agréez, etc.   MICHEL BERR.

IMPRIMERIE DE J. L. BELLEMAIN, rue St.-Denis, n. 268.

NOTES SUPPLÉMENTAIRES.

À l'instant où ce pétit écrit quittait la presse, deux événemens mémorables répandaient successivement dans la capitale : le premier, la plus juste et profonde douleur ; le second, une satisfaction générale et les plus douces espérances ; le journal à qui j'avais adressé la lettre qui vient de passer sous les yeux de mes lecteurs, a été acquitté de l'accusation intentée contre lui ; la liberté civile et religieuse, grâce à la mémorable indépendance que vient de montrer un des plus illustres corps de la magistrature française, conserve un de ses plus fermes, sages et utiles défenseurs.

Quelques jours auparavant, la France avait perdu un de ses plus nobles guerriers, la patrie un de ses plus dignes enfans. La patrie ! que d'idées et de souvenirs réveillent ce mot sacré ! Non, la patrie n'est pas seulement pour les amis des doctrines nobles et élevées, le sol où ils vivent, le théâtre de leur industrie, l'instrument de leur fortune, la réunion de leurs intérêts et de leurs jouissances ; la patrie, c'est l'ensemble de nos espérances et de nos souvenirs, les cendres de nos aïeux, les destinées de nos enfans, de nos générations nouvelles ; c'est le maintien et l'amélioration de nos lois, de nos mœurs et de nos institutions, le bien-être, le repos, la dignité de nos familles, l'exercice de notre pensée, le droit de l'exprimer, la liberté de nos consciences ; c'est aussi ce qui lui parle et l'enchaîne. Le perfectionnement de toutes nos facultés sociales, morales et intellectuelles, la gloire, la force et l'indépendance de notre pays, la sagesse, l'éclat de sa civilisation, c'est tout cela que réveille à la fois le mot de patrie dans l'imagination et le cœur d'un ami de la liberté, du genre humain, et, en France, de la monarchie constitutionnelle. C'est à toutes ces idées, grandes et généreuses, que se rattache et que devait encore se rattacher de plus en plus le nom, la gloire et les travaux du général Foy. Quel ami de la France ne trouve maintenant un souvenir douloureux d'avoir vu ce guerrier-orateur riche de sa gloire passée, au milieu des brillantes réunions où se fixaient sur lui les yeux des admirateurs du talent et du génie, presque toujours pensif, et même souvent comme solitaire au milieu du bruit et de l'agitation, préparer ses conceptions et ses travaux futurs ! La noble alliance de la religion et de la liberté, de la croyance et de la philosophie, ne serait pas restée étrangère ni à ses méditations ni à ses succès ; sa voix se serait jointe à celle de ces éloquens et respectables orateurs de diverses communions chrétiennes qui défendent à la fois, avec tant de courage et de sagesse, et l'heureuse influence des doctrines morales et pour toutes les classes de la société, l'intégralité des libertés religieuses et politiques. Sous ce point de vue, les *Annales israélites* devront à la mémoire du général Foy un tribut d'hommages qu'elles paieront à la mémoire du savant et vénérable président Agié, de Lacretelle aîné, d'Aignan, et de quelques autres amis de la religion et de la morale, enlevés depuis la publication du prospectus de cet ouvrege. Moi-même je n'ai pas dû aujourd'hui, au milieu de l'expression de la douleur publique, garder un silence complet sur la perte de ce grand citoyen ; il tiendra à jamais un rang distingué parmi ceux dont les noms et la vie enflammeront l'imagination des peuples par l'union, si digne d'enthousiasme, des exploits guerriers, des talens littéraires et des inspirations patriotiques ; parmi les guerriers aussi dévoués au milieu de la paix, aussi simples au sein de leurs foyers, qu'intrépides dans les combats ; enfin, parmi les hommes qu'a possédés et que possède encore en grand nombre cette belle France, trop souvent calomniée, qui, au milieu de tous les dangers et de tous les sacrifices, ont parlé, avec profondeur et éloquence, le langage de la franchise, de la sagesse et de la vérité, au peuple égaré par l'impétuosité de ses passions et la perfidie de ses flatteurs, à un grand capitaine enivré par ses succès et sa gloire, aux ministres des augustes Fils d'Henri IV, ramenés, par la chute d'un conquérant absolu, dans le palais de leurs aïeux, pour y tenir le sceptre ~~titulaire~~ de la royauté contitutionnelle.

** En désignant ici les Israélites de Metz, de Bordeaux, de Berlin et d'Amsterdam, je ne prétends nullement n'avoir pas à me louer aussi de mes co-religionnaires d'autres villes ; mais indépendamment de l'importance plus remarquable de ces populations israélites, j'ai dû me rappeler qu'à Metz j'ai été présenté candidat pour le consistoire central ; qu'à Bordeaux, le comité des écoles israélites a adopté, comme à Metz, à Nanci, et ailleurs, mon *Abrégé de la Bible et choix de morceaux de piété et de morale*, à l'usage de mes co-religionnaires français, dont je publierai bientôt une seconde édition, qui m'est demandée, la première étant épuisée, avec les réponses à quelques objections des grands rabbins du consistoire central, dans le sens de la lettre au *Journal des Débats*, à laquelle je viens de répondre ; qu'à Berlin on continue, et malgré une répression si injuste, les efforts régénérateurs de l'immortel Medelson, sous l'influence de quelques-uns de ses disciples et de la respectable famille Jacobson, la société fondée dans cette ville pour la propagation des lumières et de la morale sociale pour les Israélites, a bien voulu me nommer un de ses membres honoraires ; enfin, qu'à Amsterdam, où tout ce qui est utile pour une classe de l'humanité, ou une branche de l'instruction, est encouragé par un gouvernement essentiellement protecteur et religieux, la société établie pour la langue et la littérature hébraïque, a daigné m'envoyer ses intéressans travaux, et m'engager à y coopérer ; les volumes, en prose et en poésie, qu'elle a publiés sous le titre hébreu : *Peri toelet*, fruits utiles, justifient bien ce titre ; la morale, le goût et l'érudition s'y trouvent réunis ; ils rappellent les plus beaux jours de la langue et de la littérature hébraïque. Je saisis avec empressement cette occasion pour exprimer publiquement à cette honorable société, et particulièrement à son digne secrétaire, qui est aussi un des plus actifs et ingénieux collaborateurs de ses travaux, M. Mulder, mes sentimens de profonde estime et de sincère reconnaissance. Les deux volumes déjà publiés, des travaux de cette société, seront l'objet d'analyses particulières dans les *Annales israélites*.

*** *Le Drapeau blanc* du 5, contient un petit article auquel je dois aussi une courte note. Probablement pour se préparer à faire l'éloge de l'ouvrage que M. Drach va publier, sur l'incompatibilité du judaïsme avec l'exercice des droits politiques, ce journal fait l'éloge des mesures qui à Rome forcent les juifs à demeurer dans des quartiers séparés ; en Pologne, à porter des barbes, et en Turquie, un costume particulier. Il est juste que chacun ait le droit de soutenir ce qui lui plait, même les mesures injustes, oppressives et absurdes ; mais lorsque *le Drapeau blanc* dit des choses contraires à la vérité, il me permettra de lui rappeler, comme je l'ai fait naguère à son protégé, M. Drach, cette maxime du code fondamental aux juifs et aux chrétiens : *Tu ne mentiras pas.* Quand il prétend qu'à Amsterdam les juifs habitent volontairement un quartier particulier, je pourrais supposer qu'il aime à se tromper ; si à Amsterdam la plus grande partie de la population israélite est restée dans le quartier où elle était confinée, c'est que l'état de sa fortune, l'intérêt de ses affaires ou des relations de famille ne lui permettent pas encore d'en sortir ; beaucoup d'Israélites, à Amsterdam et dans d'autre villes de la Hollande, habitent indifféremment tous les quartiers, particulièrement ceux, en grand nombre dans ce pays, qui suivent des états ou remplissent des fonctions honorables dans tous les genres. Mais lorsque *le Drapeau blanc* affirme qu'en France les juifs sont soumis à une législation humiliante, je lui dirai : « *Tu ne mentiras pas.* » Car en France aussi, ~~je le sais~~, tous les citoyens sont égaux devant la loi, et tous cultes ont droit à la même protection ; et, ainsi que je le disais naguère au protégé du *Drapeau blanc*, M. Drach, les juifs français conserveront la certitude de ces mêmes garanties, tant que la France conservera ce pacte fondamental, objet de la fureur de quelques hommes, comme la promesse de son maintien par l'auguste frère du Monarque-législateur. La législation exceptionnelle, qui fait l'objet de la réminiscence du *Drapeau blanc*, a eu lieu pendant quelques années, et pour quelques contrées de la France, sous le régime absolu du pouvoir impérial : elle a disparu par l'établissement du régime constitutionnel. Encore est-il juste d'ajouter que cette législation exceptionnelle, locale et temporaire, etait accompagnée de mesures ayant pour objet, non pas de faire rentrer des juifs dans des quartiers séparés, ou de leur faire porter des barbes ou un costume particulier, comme à Rome, en Pologne et en Turquie, mais l'utile établissement de consistoires, pour rendre les juifs capables de remplir tous les devoirs de la société et d'exercer tous ses droits. Ils n'iront ni à l'ancienne, ni à la nouvelle Jérusalem, fondée au pays des Hurons, où voudrait les envoyer *le Drapeau blanc* ; mais ils resteront là où ils sont ; ils se

(4)

rendront de plus en plus dignes des droits de citoyen partout où l'on
a la justice de les leur accorder, et il faut l'espérer, là même où l'on
a encore l'injustice de ne pas le faire. Voilà ce que pour le moment
j'avais à répondre au *Drapeau blanc*, et probablement à M. Drach :
ultérieurement, s'il le faut, on répondra encore à l'un et à l'autre
dans les *Annales israélites*.

Imprimerie de J.-L. BELLEMAIN, rue Saint-Denis, N° 268.

www.ingramcontent.com/pod-product-compliance
Lightning Source LLC
LaVergne TN
LVHW051342200726
843510LV00002B/776